AF246616

LA FRANCE
AU PARLEMENT.

Auguste Tribunal, ma gloire & mon appui ;
C'est toi, dans mes malheurs, que j'implore aujourd'hui.
Mes maux sont à leur comble, & le courroux céleste
Ne me laisse entrevoir qu'un avenir funeste.
Ici, de mes enfans, par des coups redoublés ;
Sur un terrein trompeur les pieds sont ébranlés :
Là, sur un char de feu, le démon de la guerre
Ne cesse, autour de moi, de lancer son tonnerre.
La Mort, la faulx en main, sur ses pâles coursiers,
Vole, frappe, & partout moissonne mes guerriers.
Chacun semble enivré d'un esprit de vertige,
Qui des antiques mœurs laisse à peine un vestige.
Le Schisme, l'œil en feu, souffle dans les prélats
Sa rage ; & dans mon sein appelle les combats.
La piété s'éteint ; le goût fuit, les arts tombent :
Sous le poids des impôts les provinces succombent.
Des avides Traitans le sordide intérêt ;
Sans enrichir le prince, appauvrit le sujet.
On voit, sur les débris du vrai patriotisme,
S'élever, sans rougir, le perfide égoïsme.
Les uns sont sans droiture & les autres sans mœurs ;
Le crime altier triomphe & Thémis est en pleurs.
Enfin, tristes jouets d'une fatale ivresse,
Et l'Eglise & l'Etat s'entreheurtent sans cesse.
Quede Maux ! mais que dis-je ? il en est un plus grand,
Que je viens, à vos pieds, dévoiler en pleurant :

A

Mal funeste & secret, source en maux trop féconde,
D'où partent les fléaux qui ravagent le monde.
Que l'univers entier se réveille à ma voix :
Je vais intéresser les Sujets & les Rois.
   Parmi les corps divers qu'embrasse mon enceinte,
Il en est un qui porte une trompeuse empreinte.
La sainteté paroît couronner son berceau ;
L'austère piété le marque de son sceau ;
Pauvreté rigoureuse, exacte continence ;
Humilité profonde, étroite obéissance,
De ces dons précieux on le croit décoré ;
Par le plus saint des noms son nom est consacré,
L'étendard de la Foi le couvre & le déguise ;
La gloire du Très-Haut, ces mots sont sa devise.
Des plus belles couleurs il marche revêtu :
Tous ses dehors enfin sont ceux de la vertu.
Sous un masque trompeur que le crime est à craindre !
Quel monstre plus fatal que celui qui sçait feindre !
Sous un nom devant qui tout fléchit en tremblant,
Que d'horreur le Démon ménage en se voilant !
Né de l'Ambition, au sein de l'Ignorance,
Dans le mien, malgré moi, ce monstre a pris naissance.
Plus guerrier que dévot, le fameux Loyola,
Sous le roc de Manrese en rêvant l'enfanta.
Dans le délire ardent d'un transport extatique,
Il se crut honoré d'un instinct prophétique,
Et prit pour vision l'effet d'un sang bouillant
Que des traces de guerre échauffoient en dormant.
Epuisé par le jeûne, aigri par un faux zèle,
Il voit de combattans une image nouvelle ;
Et Jésus & Satan sous divers étendards,
Jaloux de régner seuls, s'offrent à ses regards :
Tous deux, d'un doux espoir flattant son cœur docile,
Montrent de l'univers la conquête facile.
Ce spectacle en son ame allume un feu secret :
Sa vaste ambition enfante un grand projet.

De ces deux concurrens, également apôtre,
Il prétend à ses vœux asservir l'un & l'autre,
Emprunter les secours de l'enfer & du ciel,
Et, par eux, devenir monarque universel.
» Oui, dit-il, ce spectacle enflamme mon courage,
Entre ces deux rivaux le monde se partage.
Je pourrois, par le jeu de leurs ressorts divers,
Sous mes loix, à mon gré, réunir l'univers.
En prêchant de Jésus le sévère Evangile,
J'ouvre à mes premiers pas une route facile :
Les ruses de Satan assurent mon progrès.
En n'offrant que des fleurs, puis-je être sans succès ?
Des uns, la croix en main, gagnant la confiance,
Je les fais à mes pieds ramper par conscience :
Aux autres présentant la coupe des plaisirs,
Je fixe leur suffrage en flattant leurs desirs.
L'homme, à qui le connoît, est facile à réduire,
Il ne faut que sçavoir éblouir, ou séduire.
Au défaut de cet art, pour enchaîner les cœurs,
Que de secrets Satan cache en ses profondeurs !
Ainsi des deux rivaux le pouvoir tributaire
Peut mettre dans mes mains le sceptre de la terre,
Employons tour-à-tour & Jésus & Satan. «
      Du hardi Loyola tel est le vaste plan.
Aveuglé par l'éclat d'un pieux fanatisme,
Il mesure la terre ; & sous son despotisme
Embrassant saintement les Peuples & les Rois,
Il conçoit l'Antechrist sous l'ombre de la croix.
      A peine dans Paris vois-je paroître Ignace,
Qu'il ose, en rampant même, essayer son audace,
Vil disciple, & déjà zélé réformateur,
Humblement despotique, il s'érige en docteur.
Il prêche, échauffe, instruit, prend un air de prophète ;
Et son Maître devient sa première conquête.
Salmeron, Rodriguès, Xavier, Bobadilla,
Volent ; &, prosternés aux pieds de Loyola,

Sous la foi d'un ferment entrent dans fa carrière.
Quand Satan fe transforme en ange de lumière,
Qui pourroit échapper à fon art féducteur?
La confcience eft même un lien dans l'erreur.
Ces premiers partifans s'enrollent avec zèle
Sous un chef que le ciel en apparence appelle.
Tout parle en fa faveur, l'exemple eft fon garand;
Et le chrétien dans lui cache le conquérant.
Mais, malgré les efforts de ce funefte germe,
Pour mieux envelopper le poifon qu'il renferme,
D'Ignace en frémiffant je vis bientôt le but;
Tout s'émeut dans mon fein contre un tel inftitut.
Prélats, Religieux, Parlement & Sorbonne,
A l'afpect d'un tel monftre à l'inftant tout friffonne.
De noirs preffentimens font craindre fon progrès.
L'adroite politique en vain voile fes traits;
A travers le nuage on entrevoit la foudre.
Chez moi ce n'eft qu'un cri; qu'il foit réduit en poudre.
Loyola, fans pâlir, entend l'arrêt fatal.
Par l'excès du mal même il remédie au mal.
Il apprend de bonne heure à céder à l'orage.
Un naufrage apparent le fauve du naufrage.
Loyola difparoît. Dans Rome, plus heureux,
Il porte fes projets, fés talens & fes vœux.
Rome, où l'ambition, fous un manteau modefte,
Sanctifie à fon gré ce que le ciel détefte;
Rome, où l'efprit d'intrigue, adroit, infinuant,
A fon but à coup fûr arrive en ferpentant;
Rome, où, les yeux baiffés, l'orgueil marche avec pompe;
Où d'un air ingénu fous le ferment l'on trompe;
Rome, où l'art des détours, vainqueur des vrais talens,
Sans aîle prend l'effor, & fe hâte à pas lents;
Plus criminelle enfin, quoique moins idolâtre,
Rome aux talens d'Ignace ouvre un vafte théâtre.
Sur ces auguftes fronts que la pourpre embellit,
Au langage flatteur la vanité fourit.

Ignace, qui le voit, en politique habile,
Glisse un subtil poison dans le miel qu'il distille.
Des Satrapes sacrés, qu'il aveugle avec art,
Au pied du trône saint il se fait un rempart.
Farnèse alors règnoit ; & son ame hautaine
S'enfloit en savourant la grandeur souveraine.
Entre l'Aigle & les Lys son bras est étendu :
Pour s'assurer l'empire, il le tient suspendu.
    Au fond du Vatican déjà l'orgueil élève
(La croix dans une main, & dans l'autre le glaive,)
Ce monstrueux colosse, aux pieds duquel les rois
Devoient, humbles vassaux, sacrifier leurs droits.
Ignace, à son aspect, entre en un saint délire :
» Voici pour moi, dit-il, le chemin de l'empire.
» Des trônes celui-ci sans doute est le premier :
» C'est à lui de régler le sort du monde entier.
» Balançant les destins des têtes souveraines,
» De l'univers chrétien un Pape tient les rênes :
» Il domine les rois : il faut règner par lui.
» Donnons à ma grandeur son trône pour appui.
» Gagnons le fier pontife ; à mes vœux qu'il réponde.
» Maître une fois de lui, je le ferai du monde «.
Il dit ; &, l'œil baissé, saisi d'un saint respect,
Il s'approche du trône, & tremble à son aspect.
Prosterné, du saint siège il baise la poussière :
Des hommages muets précèdent sa prière.
Bientôt, de l'éloquence empruntant les couleurs,
Il éblouit, remue & pénètre les cœurs.
De Farnèse, avec art, flattant l'humeur altière,
Sous son joug respectable il voit l'Europe entière.
Du Très-haut, dans sa bouche, il met les ordres saints,
L'empreinte sur son front & la foudre en ses mains.
Tantôt, d'un zèle ardent brûlant pour l'Evangile,
Il en peint en traits vifs le triomphe facile.
De Rome, jusqu'en Chine, il veut porter les loix,
Et partout établir le culte de la croix :

A iij

Et tantôt, faisissant le foible des Pontifes,
Il met dans leurs liens tout, jusques aux Califes.
D'un nouvel inftitut, l'appui du Vatican,
D'un pinceau délicat il trace l'heureux plan.
Il offre au Pape enfin des partifans fans nombre,
Qui, foumis à fa voix, combattant fous fon ombre,
Efclaves par devoir, victimes par fermens,
Seront de fes deffeins d'éternels inftrumens.
     Quel plus puiffant vainqueur que l'art de la parole !
Qui prodigue l'encens, enivre fon idole.
Farnèfe eft ébloui : le piège de l'orgueil,
Sous l'appareil du bien fe cache, eft fon écueil.
Trop jaloux de l'honneur du triple diadême,
Il croit voir l'Evangile, & ne voit que lui-même.
Il approuve d'Ignace & les vœux & l'objet ;
De l'anneau du pêcheur fcelle enfin fon projet.
Jour fatal ! où l'on voit une main refpectable
Couronner le berceau d'un monftre déteftable !
L'éclat de la thiare embellit tous fes traits :
De la vertu fon art emprunte mille attraits :
Son fouffle eft dangereux; mais, fous le fceau d'un Pape,
Le poifon difparoît, & fon horreur échape.
L'Antechrift vient de naître ; & Rome, fans foupçon,
Voit ravir à Jéfus fes armes & fon nom.
     Décoré d'une bulle, Ignace en obtient d'autres.
Par elles, fes enfans, érigés en apôtres,
Sous l'abri du faint fiège au-deffus des revers,
Ont droit, dans leurs liens, d'embraffer l'univers.
Je frémis, en voyant l'orgueil de l'entreprife.
Moi, jaloufe en tout temps des droits de mon églife,
Libre dès le berceau, par un nouveau deftin,
Me faudra-t-il fubir le joug Ultramontain ?
Déformais affervie aux loix de la thiare,
Ne pourrai-je échapper aux fers qu'on me prépare ?
Vous, de mes droits facrés généreux défenfeurs,
Armez-vous, il eft temps, auguftes Sénateurs.

D'un defpotifme altier redoutez les entraves;
Soyez au trône faint foumis, jamais efclaves:
De Dieu feul dépendans, il faut, ô fouverains,
Baifer les pieds du Pape, & lui lier les mains.
    Mes cris font entendus. L'organe de la France,
Le fameux Dumefnil prend alors ma défenfe:
Le Caton de fon temps, l'intrépide Brulart,
Des loix aux attentats oppofe le rempart.
Vos aïeux, fiers appuis du pouvoir monarchique,
Jettent dans l'avenir un regard prophétique;
De la fecte naiffante annoncent les fureurs,
Des fléaux à l'églife, à l'état des malheurs.
Cette fecte, dit-on, n'eft propre qu'à détruire,
Pour la foi dangereufe, incapable d'inftruire;
A fon feul intérêt prompte à tout immoler;
Pour fe venger, déjà prête à tout défoler;
Sans fcrupule, partout fémant la zizanie;
Contre tous, fans rougir, foufflant la calomnie;
Sur les débris de tout, cherchant à triompher;
Vrai monftre, que trop tôt on ne peut étouffer.
    Du peuple & du fénat tel eft le cri, qu'arrache
Un ferpent qui fur eux en s'irritant s'attache.
Ardente à l'écarter, je me tourmente en vain;
Le reptile fe gliffe & rentre dans mon fein.
Lainès vient: quel mortel! fécond en artifices;
Compofé monftrueux de talens & de vices:
Lainès, dans fes difcours plus hardi qu'éloquent;
Dans fon air, dans fon jeu, moins ferme qu'intrigant;
Dont Trente, avec horreur, entendit les blafphêmes,
Et qui là, fans effroi, reçut tant d'anathêmes:
Succeffeur d'Inigo, digne chef d'un tel corps,
L'ambitieux Lainès arrive fur mes bords.
Eft-ce un Caméléon qui vient frapper ma vue?
Lainès flatte, promet, menace, s'infinue:
Simple, artificieux, orgueilleux & rampant,
Il eft tout, ofe tout, fi fa gloire en dépend.

A iv

Médicis, dans ſes mains, tenoit alors mes rênes ;
Lainès, pour la gagner, n'a qu'à baiſer ſes chaînes.
Souple à la cour des grands, humble aux pieds des prélats,
Il règle au gré du temps ſes diſcours & ſes pas.
Il encenſe, on l'écoute ; il ſe cache, on l'honore.
Duprat, Guiſe, Tournon, que la pourpre décore,
Surpris par les dehors d'un maintien impoſteur,
Des princes à Lainès ménagent la faveur.
La vertu dans les cours plairoit peu ſous un caſque ;
Mais on y veut qu'un prêtre en ait au moins le maſque :
L'air décent dans un moine y trouve des appuis.
L'écorce des vertus y ſert mieux que leurs fruits.
Dans l'art d'édifier, les diſciples d'Ignace
Excellent : qu'on les ſonde, on n'y voit que grimace.
Médicis les connoît, s'en ſert & les ſoutient :
Lainès ſe prête à tout, brigue tout & l'obtient.
Voici l'inſtant, dit-il, de jetter dans la France
Les fondemens heureux d'une haute puiſſance.
Je vois qu'en ma faveur le vent ſouffle à la Cour ;
Par un nouveau ſucçès, je marque chaque jour.
Dans les miens Médicis a mis ſa confiance ;
Nous tenons, par ſes mains, le ſceptre de la France.
Eſpérons ; c'eſt beaucoup que d'être à ſes genoux :
Le premier pas eſt fait ; ce royaume eſt à nous.
Deux objets, pour conduire au but qui m'intéreſſe,
Doivent ſeuls m'occuper ; la Cour & la jeuneſſe.
Il faut ramper dans l'une, & ſur l'autre règner.
Avec ces deux reſſorts, nous pouvons tout gagner :
Par l'un, du magiſtrat bravant la réſiſtance,
A ſon gré, de Thémis on force la balance :
Par l'autre, du public on eſt maître, & l'on peut
Semer habilement tels principes qu'on veut.
Un ſyſtême ſi beau n'eſt point un vain phantôme :
Par ce double lien, on tient tout un royaume.
C'eſt ainſi que Lainès me prépare des fers,
Habile à combiner mille moyens divers.

D'un adroit courtifan prenant le caractère;
Ce pieux impofteur furprend le miniftère.
De Rome il fait valoir, prudemment effronté,
L'authentique décret que Farnèfe a dicté.
Avec la Cour voyant que le fénat s'accorde,
Par fes cliens, entr'eux il feme la difcorde.
Sa cabale intrigante, aveuglant les efprits,
Du trône au parlement fait paffer mille édits.
Armés du fceau royal, dans un coin de la ville,
De pauvres Mendians demandent un afyle.
Les miniftres des loix s'oppofent à leurs vœux :
Du Bellay les profcrit : les arts tonnent contr'eux ;
Mais, au mépris de tout, le fceptre les protège ;
Et, fier de fon crédit, Lainès ouvre un collège.

O jour, qu'en traits de fang mes faftes ont tracé,
Puiffes-tu, par mes pleurs, être enfin effacé !
De ce germe fatal, qu'en dépit de ma plainte
Paris, en murmurant, reçoit dans fon enceinte,
En vain les Marion, les Pafquier, les Arnauld,
Caffandres de leur temps, annoncent mille maux.
Que vois-je ! en moins d'un fiècle, une fecte perfide
Trompe tous mes efforts ; comme un torrent rapide,
Brife tout, fe répand, inonde mes cités,
Et n'enfante en mon fein que des calamités.

Par quel reffort fécret, d'une force infernale,
Vit-on fi promptement une foible cabale,
Du fein de la pouffière affrontant jufqu'aux rois ;
D'un vol victorieux monter où je la vois ?
Eft-ce un magique effort ? un hafard ? un preftige ?
Déchirons le tiffu qui couvre ce prodige :
Entrons dans les détours d'un labyrinthe affreux ;
Expofons, en fondant l'abyfme ténébreux,
Comment un monftre horrible eft né d'un vil infecte.

Règner, & règner feule, eft l'objet de la fecte.
Mais comment fubjuguer tant de peuples divers ?
D'un diadême unique ombrager l'univers ?

Mettre à ses pieds les rois ? ne former qu'un royaume ?
Comment réaliser cet étrange phantôme ?
A l'école d'Ignace, aidé par son esprit,
Lainès conçoit un plan digne de l'Antechrist.
Il faut former, dit-il, un corps, le corps des NÔTRES,
Qui, se renouvellant, survive à tous les autres.
Ses membres, quoiqu'unis, épars dans l'univers,
Pourront, avec le temps, le plier sous nos fers.
Que son chef, seul moteur des puissances secondes,
Du fond d'un cabinet, gouverne les deux mondes:
Qu'un seul esprit agisse, ame de ce grand corps,
Et vers un même but dirige ses ressorts:
Image du Très-Haut, que ce chef redoutable,
Mobile, actif partout, & toujours immuable,
Fixe & concentre en lui le pouvoir souverain:
Que tout marche à son gré sous le poids de sa main;
Propriété des biens, secrets des consciences,
Usage des talents, vœux, craintes, espérances,
Tout doit aller au chef: au plus vaste pouvoir,
Doit se joindre dans lui le droit de tout sçavoir.
Source & centre de tout, dans sa main souveraine
Des corps & des esprits tenant l'immense chaîne,
Ce chef, selon les temps variant ses efforts,
Au faîte des grandeurs pourra porter son corps.
Pour mieux fortifier ce despotisme utile,
Il faut que tout sujet sçache, instrument docile,
Au signal qu'il reçoit (ce point est important),
Sans chagrin, sans murmure, obéir à l'instant:
Que le pénible joug d'un dur apprentissage
Plie un novice altier sous l'esprit d'esclavage;
Mais, fier de son état, qu'il en aime les loix,
Et préfère son sort au sort des plus grands rois.
Prothée universel, oiseau, poisson, reptile,
Que ce corps soit sans nom, & puisse en prendre mille;
Isolé sur la terre, & partout répandu;
Mêlé dans tous les corps, & jamais confondu;

Etrange hermaphrodite, admirable amphibie;
Qu'il change de figure, & d'habit & de vie :
Religieux fans chœur, fans règle régulier,
Qu'il foit facré, profane, & moine, & féculier :
Sans biens, négociant, comédien, empyrique,
Mendiant, potentat, Luthérien, Catholique;
Une troupe de ferfs, un peuple de héros;
Et rien de tout cela, pour tout être à propos.
Mais comment compofer cette énorme machine,
Lui fournir des refforts, empêcher fa ruine?
Le voici: dans nos mains, fous l'œil du Général,
De nos foins la jeuneffe eft l'objet principal.
Des enfans qu'on inftruit le cœur tendre & fenfible
De toute impreffion fans doute eft fufceptible.
Quand de nos fectateurs le zèle ingénieux
Nous aura par furprife ouvert différens lieux,
Quelle reffource immenfe en de nombreux collèges,
Où l'adreffe aux enfans peut tendre mille pièges,
Offrir de notre corps un tableau féduifant,
Vanter de nos travaux le détail amufant;
Flatter l'un par l'efpoir d'être un grand perfonnage;
A l'autre en traits brillans étaler l'avantage
De voir prôner partout fes talens, fes vertus,
Ouvrir le ciel à tous, & leur montrer Jéfus
Qui fe hâte, à la mort, d'y donner une place
A qui s'offre couvert de la robe d'Ignace!
D'illuftres nourriffons féduits par tant d'appas
Quel effain tous les ans va voler dans nos bras!
Alors, dans des liens confacrés par nos fêtes,
Au pied des faints autels enchaînant nos conquêtes,
Sans nous lier nous même à ces nouveaux cliens,
On peut former dans eux de nouveaux conquérans.
De notre augufte corps, à l'humble profélite
On ne peut trop vanter l'éclat & le mérite.
Cette fublime idée en enflammant fon cœur,
D'un foible athlète en fait un ardent défenfeur.

Par un heureux progrès, & malgré mille épines,
L'arbre infenfiblement étendant fes racines,
Il faudra l'arrofer, étendre fes rameaux.
Plutus feul le rendra fécond en fruits nouveaux.
Du genre-humain toujours l'or fut le grand mobile,
C'eft l'idole du temps : fans or tout eft ftérile.
Soyons pauvres par vœu, mais fans l'être autrement.
Notre grandeur l'exige, amaffons de l'argent.
S'agit-il de tréfors? toute voie eft licite.
Un riche meurt, il faut que notre corps hérite.
Le commerce au travail ouvre une mine d'or :
Franchiffons les deux mers, prenons un libre effor.
De l'Apôtre zèlé le manteau qu'on refpecte
Couvrira du marchand la manœuvre fufpecte.
On ne redoute pas de pauvres mendians.
Le vœu de pauvreté peut nous rendre opulens.
Surtout dans ces cités où le talent s'exerce,
Où la faveur d'un port ouvre un riche commerce ;
C'eft là, fans dévoiler le but où nous tendons,
Qu'il faut avec adreffe établir nos maifons :
Banques, bureaux, comptoirs, vaiffeaux, manufactures
Tout vient avec le temps, l'art & mille impoftures.
Que ce mot, entre nous échappé fans regret,
Y refte enféveli fous un profond fecret.
Mais des plus grands tréfors c'eft la clef la plus fure.
Banqueroutes, larcins, vols, artifice, ufure,
Echange frauduleux, menfonge en achetant,
Faux actes, faux billets, parjure en promettant,
Tout crime, fi le corps y gagne, n'eft plus crime ;
Tout profit, s'il eft grand, dès-lors eft légitime.
La miffion furtout eft pour nous un tréfor.
Elle conduit nos pas dans ces climats, où l'or
Par de ferviles mains répandu dans les nôtres,
Peut fans peine en Créfus transformer nos Apôtres.
    Mais comment du midi s'étendre jufqu'au nord,
Et, fans être partout, régler tout fans effort ?

Il faut s'affocier une force étrangère;
De clients déguifés, briguer le miniftère;
Par l'appas d'un vil gain, dupper un cœur vénal;
Un dévot, par la croix, un prince au tribunal
De notre habit facré vanter les influences;
Au foin de nous fervir, lier des indulgences;
Payer des partifans, les femer en tous lieux
Pour agir par leurs mains, & tout voir par leurs yeux;
Enfin, l'art d'enjoller, fi fécond en amorces,
Peut dans tous les climats multiplier nos forces.
Ces nouveaux agrégés pour nous fçauront agir:
Sans paroître, par eux nous pourrons tout régir.
   Mais ceux qui font à nous, & fans être des *nôtres*,
Comment fous nos drapeaux les joindre avec les autres?
Que, fous l'humble manteau de la religion,
La croix foit l'inftrument de notre ambition.
Affemblons en fecret, par un concours utile,
Ces étrangers jaloux d'entendre l'Evangile:
Que tout fexe & tout âge, hommes, femmes, enfans;
Financiers, foldats, magiftrats, artifans,
Tous voyant dans nos mains la clef de la doctrine,
Qu'ils viennent fe nourrir des fruits qu'on leur deftine.
C'eft d'abord en ouvrant les cieux & les enfers
Qu'on étonne, qu'on frappe, & qu'on forge des fers.
Un zèle vif féduit, enlève mille obftacles.
L'éloquence toujours fut féconde en miracles.
Dans ces réduits facrés, où, maître des efprits,
Aux fermons qu'on débite on donne un fi grand prix;
C'eft alors qu'avec art colorant ces maximes
Qui de leurs traits affreux dépouillent tous les crimes,
On engage au befoin de pieux fcélérats
A voler par devoir aux plus noirs attentats.
Là, du ciel, par prudence, élargiffant la voie,
On conduit par des fleurs à l'éternelle joie;
On fe fait des amis en les juftifiant:
Un vœu fous nos drapeaux les fixe en les liant.

Sous un masque emprunté, par un tel artifice,
Dans les divers états on pénètre, on se glisse.
Par là, que de poissons viendront dans nos filets !
Et que d'Ignaciens en rabats, en plumets ?
    A mes vœux, il est vrai, j'entrevois mille obstacles.
Du temple de Thémis, du pied des tabernacles,
Du sein des arts, partout des ennemis nombreux
Naissent, & vont tramer des complots dangereux.
Ecoutez, mes enfans, & reprenez courage :
Il est plus d'un moyen de conjurer l'orage.
Sous le sceau du secret je vais développer,
Entourés d'ennemis, l'art de les dissiper.
D'abord, gardez-vous bien d'affronter la tempête :
Le sage en se cachant sçait dérober sa tête.
La foudre en vains éclats souvent s'évanouit :
Le vent change ; un beau jour suit une affreuse nuit.
Le calme revient-il ? alors il faut combattre.
Attaquez en détail, vous pouvez tout abbattre.
Les coups, qui sont cachés, sont toujours les plus surs ;
Par la sappe & la mine on renverse les murs.
Les sçavans sont d'abord pour vous les plus à craindre :
Sous des traits odieux apprenez à les peindre ;
Sur leurs meilleurs écrits jettez de noirs soupçons ;
Dans leur texte altéré, montrez de vrais poisons ;
Armez Rome contre eux. Du manteau d'hérétique
Couvrez, pour mieux frapper, leur Secte fanatique :
Et si, même à vos yeux, leurs principes sont clairs,
N'importe ; donnez-leur un sens louche & pervers.
Mille plumes en vain font leur apologie ;
Pour les perdre à coup sûr, taxez-les d'hérésie ;
Forgez-en ; &, formant des phantômes nouveaux,
De les réaliser accusez vos rivaux.
Qui sçait bien manier l'art de la calomnie
Triomphe tôt ou tard d'une secte ennemie.
Qu'on crie au novateur, on s'échauffe soudain ;
Rome à vos cris s'allarme & sonne le tocsin.

Joignez au Vatican l'autorité royale;
On ne verra partout qu'une secte fatale,
A qui, sans examen, on fera le procès.
L'intrigue fut toujours la mère des succès:
Peut-elle avec l'empire armer le sacerdoce?
Tout tombe sous le sceptre, ou tremble sous la crosse.
    Mais il est un moyen qui pourroit, mes enfans;
Des sçavans sans éclat vous rendre triomphans
(Lente, je l'avouerai, mais heureuse ressource);
De la religion c'est de fermer la source.
Otez les livres saints; dans de pieux romans
Offrez aux curieux de vains amusemens;
Les bons écrits, qu'ils soient remplacés par les nôtres;
Aux sermons instructifs, substituez-en d'autres
Qui, montrant l'inutile & cachant le devoir,
Brillent sans éclairer, piquent sans émouvoir;
Le pompeux appareil d'une éloquence humaine
Peut plaire, & le pêcheur restera dans sa chaîne.
Amusez par des vers, des fables, des écrits,
Stériles mais légers, frivoles mais fleuris.
Prompts à tout obscurcir par d'épaisses ténèbres
Vous n'assurez qu'à vous le droit d'être célèbres.
Préférez l'amusant aux travaux assidus,
Les danses aux beaux arts, les graces aux vertus.
Vainqueurs par le progrès d'une ignorance crasse,
Vous verrez la Sorbonne, impuissante carcasse,
Sous un tas de mourans ne traînant que des morts,
Loin de vous attaquer, seconder vos efforts.
    Peut-être que, jaloux de droits imaginaires,
Les pasteurs (importuns, mais foibles adversaires)
Tâcheront par leurs cris de traverser nos vœux.
Mais, Rome étant pour nous, que peut-on craindre d'eux?
Opposons aux prélats ces nombreux privilèges
Dont Farnèse a déjà décoré nos collèges.
Du joug hiérarchique affranchis de tout temps,
Rampans sans obéir, vivons indépendans.

Des mitres, en effet, irons-nous, vils efclaves,
Maîtres de les donner, recevoir des entraves?
Sur le pouvoir des clefs, dédaignons des pafteurs
Les foudres impuiffans, les ftériles clameurs.
Faifons plus : de feftons, ornons nos tabernacles ;
Amorçons, par l'éclat de nos pompeux fpectacles ;
Un peuple qu'aifément la douceur de nos voix
Peut, du joug paftoral, attirer fous nos loix.
Souverains du clergé, maîtres du fanctuaire,
C'eft à nous d'exercer un pouvoir arbitraire.
Prélats, pafteurs, brebis, jufques aux facremens,
Tout à notre grandeur doit fervir d'inftrumens.
Mais, enfans, prenons garde; oui, notre grandeur même
Peut nous fermer la route à la grandeur fuprème.
La gloire a fes dangers, l'éclat fait des jaloux ;
De la foudre, en montant, on doit craindre les coups.
Les magiftrats, les rois, inquiets fur nos ligues,
Pourroient à nos progrès oppofer quelques digues :
Le foupçon feul allarme ; & peut-être bientôt
Verrez-vous contre nous tramer plus d'un complot.
Sans doute, attendons-nous à plus d'une traverfe :
Mais qui veille, fçait tout, & rien ne le renverfe.
Veillons, pour pénétrer l'efprit des factions.
Il faut dans chaque cour payer des efpions.
Intriguans par devoir, par intérêt prodigues ;
On déméle bientôt les plus fourdes intrigues.
De foibles ennemis trament-ils contre nous ?
Perdons-les fagement ; il faut de foibles coups.
Mais en vain, d'un monarque encenfant tous les vices ;
Briguons-nous la faveur de fes regards propices ;
Il nous opprime : alors, fi le mal eft preffant,
Employons fans fcrupule un remède puiffant :
Un Roi ; qu'eft-il au prix d'un corps tel que le nôtre?
Et fi, pour fauver l'un, il faut immoler l'autre,
Le devoir n'eft-il pas écrit dans notre loi ?
Un roi qui veut nous perdre, à nos yeux n'eft plus   oi.

Sans être ses sujets, nous vivons sous son règne :
Heureux de nous avoir, qu'il nous aime, ou qu'il craigne;
C'est au ciel qu'on s'oppose en s'opposant à nous ;
On croit servir le ciel, on sert notre couroux.
Contre les criminels les poisons sont sur terre.
Et quel crime d'oser nous déclarer la guerre ?
Le meurtre d'un tyran n'est point un attentat:
Qui peut blâmer Judith d'avoir sauvé l'état ?

    De principes si sûrs semés avec adresse,
Que de fruits peut cueillir notre active sagesse!
Mais à ces grands secrets que, par serment liés,
Quarante d'entre nous soient seuls initiés.
Les autres sous nos mains, ministres pleins de zèle,
Prompts à voler au terme où le chef les appelle,
Par leurs talens divers placés utilement,
Mettront tout leur mérite à suivre aveuglément.

    Telles sont donc les loix que doit mettre en pratique
De nos quarante élus la sage politique.

    Au grand art d'imposer par des dehors trompeurs,
Former, sans se trahir, ses discours & ses mœurs ;
Se glisser sourdement dans de puissantes villes;
Par adresse envahir de riches domiciles ;
En feignant au public de se sacrifier,
S'emparer des enfans, germe d'un peuple entier ;
Plier sur ses projets leurs goûts, leurs caractères;
S'assurer prudemment, par les enfans, des pères ;
Par eux, renouveller un royaume à son gré ;
S'en faire pour soi-même un soutien assuré :
De la religion, connoissant bien la force,
Employer à propos ou le fonds ou l'écorce;
S'en jouer sans scrupule, en ajustant ses loix
Sur l'intérêt d'un corps qui fait tout pour ses droits;
Asservir à son gain & la terre & les ondes ;
Dans un commerce immense, embrasser les deux mondes;
Pour enlever des biens, épier les moments ;
Dépouiller l'orphelin, dicter des testaments;

Suborner des témoins, ravir des héritages;
Pour noircir ſes rivaux , fabriquer mille ouvrages;
Par de hardis larcins, piller des commerçans ;
Pour s'arroger des droits, pendre des innocents ;
En prêtant, opprimer par de groſſes uſures ;
Fruſtrer ſes créanciers, ſe jouer des parjures ;
Ramper aux pieds des Grands, pour les fouler aux ſiens;
Pirrhoniens, Dévots, Idolâtres, Chrétiens,
Faire, pour s'aggrandir, les plus vils perſonnages;
Par le fer, par le feu, par de puiſſans breuvages,
Dévouer à la mort ſes ennemis divers ;
Se permettre enfin tout, pour tout mettre en ſes fers.
Rempliſſons un tel plan ; le ciel nous autoriſe :
De nos progrès la terre un jour ſera ſurpriſe :
Règner, eſt notre objet ; ramper, eſt le début ;
Oſer tout, le moyen : voilà notre inſtitut.

Que d'horreurs vous préſente, ô Sénat reſpectable,
De ce Corps monſtrueux le Code épouvantable !
Et que voit-on partout , que ſes funeſtes fruits ,
Quelque fois étouffés, & toujours reproduits ?
Expliquez-moi, comment cette immenſe Machine,
Du Nord juſqu'au Midi, du Pérou juſqu'en Chine,
Roulant ſur un pivot que Rome a dans ſes murs,
Ne vomit qu'attentats, & que dogmes impurs ?
Eſt-il rien en effet que cette indigne race
N'ait ſouillé par les traits de ſa coupable audace ?
Dans la Religion, profanes novateurs,
Ils ont tout infecté par un torrent d'erreurs.
Dans le monde, voyez, cet hydre inſatiable
Dévore, ou frappe tout de ſa dent redoutable.
Les uns, du noir poiſon de leurs dogmes pervers,
Apôtres de Satan , ont ſali l'univers;
Les autres, je les vois, dans leurs courſes rapides,
Sur tout, ſans aucun frein, porter leurs mains avides;
Ici, fiers de leur pompe, aux autels d'un Chinois,
Ces Moines Mandarins foulent aux pieds la Croix;

Et là , du nouveau monde ufurpateurs avares ;
Jaloux d'engloutir feuls les tréfors les plus rares ,
Ils vont, le fabre en main , rivaux des Potentats ,
Pleins d'ardeur , au carnage animer des foldats ;
Tantôt, d'un faint Pontife affrontant les menaces ,
De Rome avec hauteur dédaignant les difgraces ,
Devant Confucius fléchiffant les genoux ,
Du foible Vatican ils bravent le courroux ;
Et, tantôt partifans d'un dogme ridicule ,
Adorateurs zélés d'une infolente Bulle ,
Ils ofent, pour la faire adorer en tout lieu ,
Prêter au Pape un droit de s'ériger en Dieu.
Quel monftrueux amas d'effroyables maximes !
Des vertus, à leur gré , fouvent ils font des crimes.
Et leur vices font-ils vivement combattus ?.
Ils ofent transformer les crimes en vertus.
Aux bords du Maraignan , Apôtres fanguinaires ,
On les voit, conducteurs d'aveugles tributaires ,
Sous le prétexte faux de leur prêcher la foi ,
Leur peindre en vrai tyran leur légitime roi.
Sur les rives de Seine , adroitement perfides ,
Ames de noirs complots, féconds en homicides ;
Trompant le Souverain felon leurs intérêts ,
Ils ofent fous fon nom écrafer fes fujets.
Les croiroit-on réels , ces étonnans contraftes ,
Si les faits n'étoient pas confignés dans mes faftes ?.
Quel étrange génie agite ce grand Corps !
Nul calme en fon repos , nul frein dans fes tranfports,
Quand on le croit en paix , fa marche fouterreine
Prépare à fes rivaux une perte foudaine.
Un air humble enveloppe un orgueil exceffif;
Plus il paroît tranquille , & plus il eft actif :
Par la main d'un Miniftre , il lance au loin fa foudre ;
Il lève au ciel les yeux, Port-Royal tombe en poudre.
Il prêche , & la vertu refte dans le mépris ;
Il rampe, & fur fes pas je ne vois que débris ;

Il travaille à la vigne, & partout la défole ;
En baifant une Croix, il encenfe une idole ;
L'Evangile à la main, il foule aux piéds la loi ;
Il embraffe un autel, & poignarde fon roi.
Le front dans la pouffiere, il sème l'épouvante ;
Devant lui l'amour marche, & fa trace eft fanglante ;
Sincère dans fon air, dans le fond impofteur,
Sans jamais la quitter, il rétracte une erreur.
Il pardonne tout haut, & partout dans la France
Le fer & le poifon fignalent fa vengeance.
Quel monftre, qui, toujours fidèle au même plan,
Joint au nom de Jéfus les fureurs de Satan !
Penfez-vous, Sénateurs, qu'une injufte colère
Guide ici mon pinceau, pour peindre une chimère ?
Je n'ai fait qu'ébaucher : fûre de votre aveu,
Je ne me trompe ici qu'en en difant trop peu.
Ai-je porté la main dans ces fources impures
D'où Montalte, avec art, a tiré tant d'ordures ?
Ai-je peint à vos yeux ce tas de directeurs,
De nos myftères faints lâches profanateurs,
Qui jettent un vernis fur des forfaits étranges,
Et prodiguent aux chiens le Saint, le pain des anges ?
Ai-je peint ces docteurs, qui, nouveaux Ariens,
Sociniens mafqués, hardis Pélagiens,
Jufqu'au fein du Très-haut, portant leur front fuperbe,
Par mille affreux excès ont blafphêmé fon Verbe ;
Ont ofé de fa grace anéantir l'effet,
Et de leur volonté la rendre le jouet ?
A ces traits, que d'horreurs je pourrois joindre encore,
En peignant ces forfaits que la nature abhorre ;
Forfaits en vain punis dans ces climats déferts
Que d'un foufre enflammé des torrents ont couverts.
Je pourrois vous montrer le monftre de la Ligue
Enfanté par l'effort d'une fatale intrigue,
Sous la robe d'Ignace éclos pour mon malheur,
Et traînant à fa voix la Difcorde & l'Horreur ;

Mais cachons des tableaux, fources de tant d'allarmes,
Que ces Ignaciens m'ont arraché de larmes !
Je pleure plus d'un roi que leurs traits ont percé ;
Mon trône fume encore du fang qu'ils ont verfé.... ;
Je treffaille d'horreur ; c'eft le fang de mon père.
Anges faints , défendez une tête auffi chère !
Dois- je feule trembler ? & n'eft - ce que chez moi
Que le ferpent fe cache , & jette ainfi l'effroi ?
Vienne , Gênes , Madrid , & Naples & Venife ,
La Viftule , le Rhin , l'Efcaut & la Tamife ,
Que de témoins divers , fous les mêmes liens
Gémiffent, & contre eux joignent leurs cris aux miens !
Albion tremble encore en lifant fes annales.
Que de projets affreux , que de noires cabales
Cette engeance maudite a formé dans fon fein !
Dieu ! quel jour, où frappé d'un foudre fouterrein ,
On eut vu fon Sénat , éclatante victime,
Enlevé dans les airs , englouti dans l'abyfme !
De l'Aurore au Couchant, fuivez d'un œil fidèle
Sous la main de fon Chef cette race cruelle ;
Eft - il un feul complot par l'Enfer enfanté ,
Qui ne porte le fçeau de fa Société ?
La douceur la précède , & la mort l'accompagne :
Ce Chef, vraiment rival du vieux de la Montagne,
Sous un mafque impofant pour fes affreux deffeins,
Fait marcher d'un coup d'œil trente mille Affaffins.

  Serons-nous donc toujours le jouet de leur rage ?
Ouvrez les yeux, voyez fur les rives du Tage ;
Victime trop longtemps de préjugés divers,
Lifbonne fent fon joug, & brife enfin fes fers :
Les échaffauds font prêts : une fentence prompte
Va de ces fcélérats éternifer la honte.
Ecrite en traits de fang & du fang de leur roi ,
Elle apprendra bientôt qu'hypocrites , fans foi ,
Ces pieux féducteurs , du fceau de l'Evangile
Confacrant fans remords tout parricide utile,

Des faveurs de leur roi comblés de toutes parts,
Ces ingrats, dans son cœur, ont conduit cent poignards;
Que, chassés du berceau de l'impur Molinisme
Pour des faits abhorrés au sein du paganisme,
Ils doivent, sous le poids du bras d'un Dieu vengeur,
Etre à jamais du monde & l'opprobre & l'horreur.
Et moi, qui les devrois fouler dans la poussière,
Je les vois en tout lieu porter leur tête altière.
Ministres de Thémis, son glaive est dans vos mains,
Et vous jettez sur eux des regards incertains!
Apprenez que partout ils sont voués au crime;
Que l'esprit de Lisbonne à Paris les anime;
Que tous au même char enchaînés par Satan,
Mûs par un même chef, suivent un même plan.
L'évidence des faits saisit les moins crédules.
Hé quoi! vous balancez!..... quels injustes scrupules
Ménagent sans raison vos tyrans & les miens!
Auroient-ils à vos yeux le rang de citoyens?
Ils ne sont point à moi; je ne suis pas leur mère:
Etrangers dans mon sein, je leur suis étrangère.
Leur état chancellant, ébranlé mille fois,
Ne fut jamais fixé par le lien des loix.
Ardens pour ma dépouille, ils veulent ma ruine.
Otez, en les chassant, un poison qui me mine.
Par quel fatal bandeau vos yeux sont-ils couverts?
Tant de délais, pour vous, me font craindre leurs fers.
Attendez-vous qu'enfin ils s'arment, & vous frappent.
Ils ne craignent que vous. Tremblez, s'ils vous échapent.
A leur corps, de tout temps, le vôtre est en horreur;
Leurs regards sont sur vous des regards de fureur.
Vous les avez flétris; ils vous doivent leur haine:
Prononcez leur ruine, ou la vôtre est certaine.
Ces Sylla, qui jamais n'ont pardonné d'affronts,
Sur leur liste fatale ont inscrit tous vos noms.
Déjà cent fois, jaloux de vous réduire en poudre,
Sur vos têtes leurs bras ont fait gronder la foudre;

Exils, enlèvemens, ordres trop rigoureux;
Que de coups imprévus vous avez reçus d'eux!
Pourquoi, de vos malheurs spectateurs insensibles,
Confiez vous encore à des mains si nuisibles
Mes enfans, votre appui, mon espoir le plus doux;
Et laisser mes agneaux sous la griffe des loups?
Pourquoi?.... Mais je finis, auguste Aréopage.
L'espoir de mon salut est dans votre courage;
En frappant mes tyrans, signalez votre amour:
La chute du colosse est l'ouvrage d'un jour.
Le succès est certain, & la gloire immortelle:
Lisbonne à l'univers doit servir de modèle.

F I N.